생각곰곰 04
탈것 슈퍼 도감

글 크리스 옥슬레이드 | 그림 제즈 투야 | 옮김 민유리

초판 1쇄 인쇄 2020년 2월 13일 | 초판 1쇄 발행 2020년 3월 16일
ISBN 979-11-5836-155-6, 979-11-5836-120-4(세트)

펴낸이 임선희 | 펴낸곳 ㈜책읽는곰 | 출판등록 제2017-000301호
주소 서울시 마포구 모래내로7길 38 402호 | 전화 02-332-2672~3
팩스 02-338-2672 | 홈페이지 www.bearbooks.co.kr | 전자우편
bear@bearbooks.co.kr | SNS twitter@bearboook | 만든이
우지영, 엄주양, 김나연, 김지연 | 꾸민이 신수경, 김지은 | 가꾸는이
정승호, 고성림, 전지훈, 김수진, 민유리 | 함께하는 곳 이피에스,
두성피앤엘, 월드페이퍼, 해인문화사, 으뜸래핑, 도서유통 천리마

이 도서의 국립중앙도서관 출판예정도서목록(CIP)은 서지정보유통지원시스템
홈페이지(http://seoji.nl.go.kr)와 국가자료공동목록시스템(http://www.nl.go.kr/kolisnet)에서
이용하실 수 있습니다.(CIP제어번호: CIP2019041942)

First published in Great Britain 2020 by Red Shed, an imprint of Egmont UK Limited.
Text copyright © Egmont UK Ltd. 2020, Illustrations copyright © Jez Tuya 2020.
Written by Chris Oxlade.
The illustrator has asserted his moral rights.
Korean language translation © Bearbooks Inc. 2020. All rights reserved.
This edition is published by arrangement with Egmont Uk Limited through KidsMind
Agency, Korea.

이 책의 한국어판 저작권은 키즈마인드 에이전시를 통해 Egmont UK Limited와 독점 계약한
㈜책읽는곰에 있습니다. 이 책은 저작권법에 따라 보호 받는 저작물이므로 무단 전재와 복제를
금합니다.

이 책 내용의 전부 또는 일부를 사용하시려면 반드시 저작권자와 출판사의 동의를 얻어야 합니다.

크리스 옥슬레이드 글
기계, 지구 과학, 취미 분야에서 2백 권이 넘는 어린이 정보책을 펴냈습니다. 정비사로
일했으며, 복잡한 과학 지식과 현대 기술을 아이들에게 쉽게 설명해 주는 것을
좋아합니다. 쓴 책으로 《위대한 과학자》, 《감쪽같은 가상현실》 들이 있습니다.

제즈 투야 그림
뉴질랜드의 일러스트레이터입니다. 여러 어린이책에 그림을 그렸으며, 애니메이션
스튜디오에서 캐릭터를 디자인했습니다. 그린 책으로 《야구의 역사를 바꾼 영웅 윌리엄
호이》 들이 있습니다.

민유리 옮김
연세대학교와 같은 대학원에서 아동학을 공부했습니다. 지금은 두 아이를 키우며
어린이책을 만듭니다. 《논리가 쏙쏙 지혜가 쑥쑥 속담》을 썼고, 《딩동! 아기 공룡이
우리 집에 온다면?》, 《아버지의 마을 오라니》 들을 우리말로 옮겼습니다.

탈것 슈퍼 도감

크리스 옥슬레이드 글
제즈 투야 그림
민유리 옮김

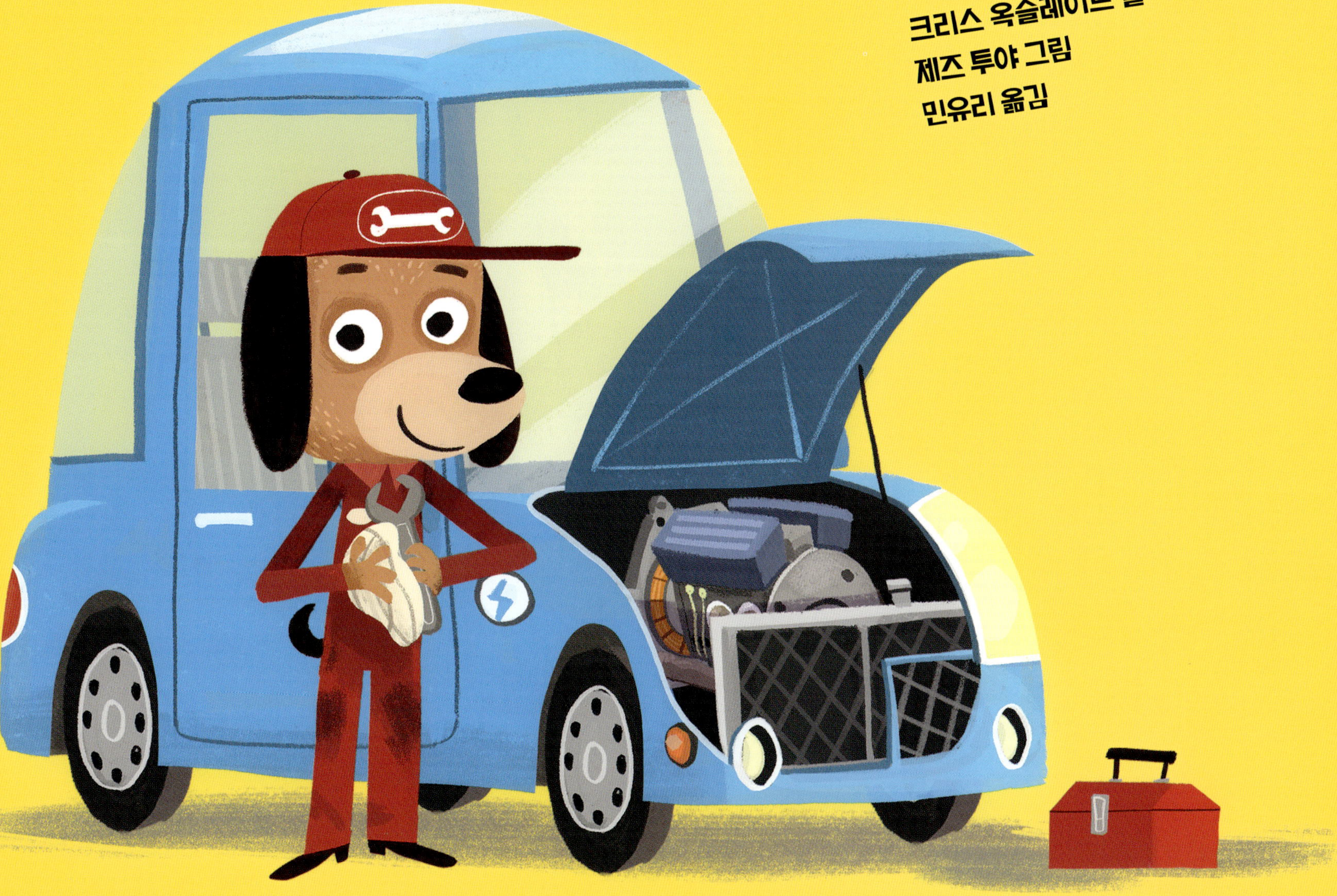

책읽는곰

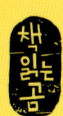

탈것은 모양도, 크기도 다양해요. 그리고 아주 중요한 일을 하지요.
소방차는 불을 끄러 달려가고, 굴착기는 땅에 커다란 구멍을 파요.
자동차는 어디든 원하는 곳으로 데려다주고요.

탈것은 어떻게 이런 일들을 할 수 있는 걸까요?
그 안에선 어떤 일들이 일어나고 있는 걸까요?
우리 함께 알아보아요!

저런, 탈것이 고장 났대요!
무엇이 문제인지 찾았나요?
정답은 맨 뒤에 있답니다.
잘 모르겠으면 참고하세요.

앗, 자전거 체인이 빠졌어요!

요리조리 **찾고**   뚝딱뚝딱 **고치고**

신나게 다시 **출발!**

고양이 밥의 자동차예요.
최신식 하이브리드 자동차지요.
하이브리드 자동차는 전기 모터로도,
엔진으로도 갈 수 있어요.
전기 모터는 배터리의 힘으로 움직여요.
배터리의 전기가 다 떨어지면 엔진이 움직이기 시작해요.
엔진은 연료 탱크에 담긴 연료를 태워서 힘을 얻지요.

트렁크

아래 부품을 찾아볼까요?

배터리	전기 모터	엔진	연료 탱크	라디에이터

전기 모터를 움직여요.	전기의 힘으로 자동차 바퀴를 굴려요.	배터리의 전기가 떨어지면 연료를 태워서 바퀴를 굴려요.	엔진을 움직이는 데 필요한 연료를 담아요.	엔진이 너무 뜨거워지지 않게 해 줘요.

앞 유리

찾고, 고치고, 출발!

밥의 자동차에 무슨 문제가 생겼을까요? 자동차를 고치려면 어떻게 해야 할까요?

바퀴	타이어	원판 브레이크	서스펜션	사이드 미러

   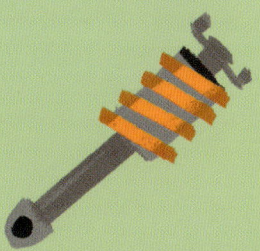 

네 바퀴가 구르며 자동차를 움직여요.

자동차가 달릴 때 덜컹거리거나 미끄러지지 않게 해 줘요.

바퀴를 붙잡아서 자동차의 속도를 줄이거나 멈추게 해요.

울퉁불퉁한 길에서도 부드럽게 달리게 해 줘요.

운전하면서 뒤를 살필 때 써요.

오토바이는 두 바퀴로 아주 빨리 달려요.
하마 헨리는 오토바이를 무척 좋아하지요.
커다란 엔진과 날씬한 모양 덕분에 오토바이는
엄청난 속도를 낼 수 있답니다.

씽씽 주유소

배기관 수리 도구 할인!

휘발유

연료 탱크에 휘발유를 담아요.

헤드라이트

킥 스탠드

아래 부품을 찾아볼까요?

엔진

휘발유를 태워서 오토바이를 움직여요.

체인

엔진의 힘을 받아 뒷바퀴를 굴려요.

배기관 · 핸들

배기관: 엔진에서 흘러나온 배기가스를 밖으로 내보내요.

핸들: 앞바퀴를 움직여 방향을 조종해요.

앞 포크
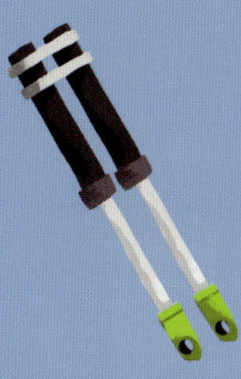
바퀴를 위아래로 움직여 울퉁불퉁한 곳에서도 부드럽게 달리게 해 줘요.

원판 브레이크
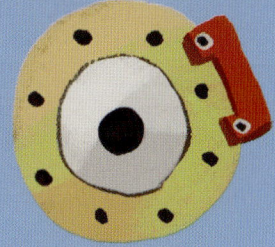
오토바이의 속도를 줄이거나 멈추게 해요.

찾고, 고치고, 출발!

헨리의 오토바이가 고장 나서 탈 수 없대요. 진열장에 오토바이를 고치는 데 필요한 물건이 있을까요?

이건 **굴착기**예요. 땅을 파는 커다란 기계지요.
오늘은 비버 벨라가 운전을 맡았네요.
굴착기는 기다란 붐과 암, 그 끝에 달린
커다란 버킷으로 흙을 퍼 올려요.

굴착기는 무한궤도를 써서 우릉우릉 굴러가요.
무한궤도는 굴착기가 진흙탕에 빠지지 않게 해 주지요.

아래 부품을 찾아볼까요?

운전석

운전사가 앉아서 레버를 밀고 당기며 굴착기를 움직여요.

엔진

무한궤도와 붐, 암, 버킷을 움직여요.

버킷

날카로운 톱니가 있어서 흙을 푹푹 퍼낼 수 있어요.

실린더

늘었다 줄었다 하며 붐과 암, 버킷을 움직여요.

무한궤도

강철판 여러 개를 이어서 만들어요. 굴착기가 공사장 곳곳을 다닐 수 있게 해 줘요.

사슬 바퀴

날카로운 톱니로 무한궤도를 꽉 잡아서 돌려 줘요.

찾고, 고치고, 출발!

저런! 굴착기가 움직이질 않아요. 뭔가 풀려서 그런 것 같은데, 어떻게 하면 다시 굴러갈까요?

이 트럭은 **콘크리트 믹서차**예요.
시멘트와 자갈, 모래, 물을 섞어 콘크리트를 만들지요.
공사장으로 가는 동안 커다란 드럼이
천천히 빙글빙글 돌면서 콘크리트를 섞어 줘요.
지금은 너구리 로리가 운전하고 있네요.

손수레에 콘크리트를 담아요.

공사장에 도착한 로리가 슈트를 펴서 콘크리트를 내보내요.
콘크리트를 내보낼 때는 드럼을 반대로 돌려야 한답니다.

물탱크의 물이 콘크리트가 마르지 않게 해 줘요.

찾고, 고치고, 출발!

덜그럭덜그럭! 이 시끄러운 소리는 어디서 나는 걸까요? 로리와 동료들이 문제를 해결할 수 있을까요?

아래 부품을 찾아볼까요?

엔진

트럭을 움직이고 드럼을 돌려요.

제어판

레버와 버튼으로 드럼을 움직여요.

호퍼

시멘트와 자갈, 모래, 물을 드럼에 쏟아부을 때 깔때기 노릇을 해요.

드럼

콘크리트 반죽이 만들어지는 커다란 통이에요.

블레이드

드럼 안에 붙어 있는 날개로, 콘크리트가 잘 섞이게 해 줘요.

슈트
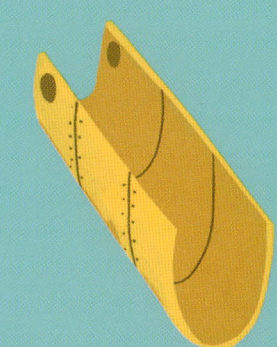
질척한 콘크리트가 미끄러져 내려오는 곳이에요.

소방차가 사이렌을 왱왱 울리고 경광등을 번쩍이며 불이 난 곳으로 달려가요. 소방차에는 불을 끄는 데 필요한 모든 도구가 실려 있지요.

악어 카를라가 소방 호스를 연결해서 불이 난 곳에 물을 뿌리고 있어요.

아래 부품을 찾아볼까요?

경광등	도끼	물탱크	소방펌프	소방 호스

불빛을 번쩍여서 소방차가 지나가는 것을 알려요.	문이나 벽을 부수고 들어갈 때 써요.	불을 끄는 데 필요한 물을 싣고 다녀요.	소방 호스 밖으로 물을 힘껏 밀어 내요.	물탱크에 담긴 물을 불이 난 곳까지 옮기는 데 써요.

사이렌

찾고, 고치고, 출발!
오리 다프네가
쩔쩔매고 있네요.
왜 물이 안 나오는 걸까요?
문제를 해결하려면
어떻게 해야 할까요?

노즐	사다리	차량용 무전기	휴대용 배수펌프	삽
불난 곳을 정확히 겨누어 물을 뿜을 수 있게 해요.	높은 곳에 올라갈 때 써요.	소방서에 도움을 요청할 때 써요.	흘러넘친 물을 퍼낼 때 써요.	불났던 곳을 흙으로 덮거나 정리할 때 써요.

기차가 역에 멈춰 서 있어요.
기차는 기관차와 객차로 이루어져 있지요.
기관차에는 어마어마하게 큰 디젤 엔진이 있어서,
승객이 가득한 객차를 끌고 갈 수 있답니다.
오늘은 개 두기가 정비를 맡았네요.

아래 부품을 찾아볼까요?

헤드라이트	배터리	연료 탱크	디젤 엔진

기관차 앞에 달린 흰색 등이에요. 빛을 내뿜어 열차가 다가오는 것을 알려요.	엔진을 움직이는 데 필요한 전기를 저장해요.	엔진을 움직이는 데 필요한 디젤 연료를 담아요.	커다랗고 강력한 엔진이 바퀴를 굴려 기차를 움직여요.

기차역

찾고, 고치고, 출발!
기차가 출발을 못 하고 있어요.
어떤 문제가 생긴 걸까요?
기차를 고치려면 두기가
무엇을 해야 할까요?

제어대

운전사가 레버를 밀거나 당겨서 속도를 올리거나 줄여요.

연결기

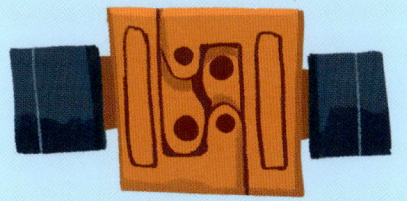

기관차와 객차를 연결하는 장치예요.

바퀴

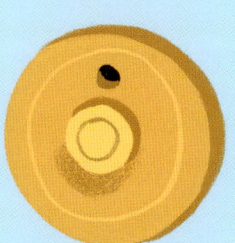

기차 바퀴는 아주 단단한 금속으로 만들어요. 기차에는 바퀴가 아주 많지요.

화장실

객차에는 화장실이 딸려 있으니 급하면 얼른 달려가세요!

모터보트는 물 위를 미끄러지듯 달리는 아주 빠른 배예요.
고양이 쿠퍼는 모터보트에서 바다로 풍덩 뛰어드는 걸
무척 좋아한답니다.

모터보트는 엔진의 힘으로 움직여요.
엔진이 배 뒤에 달린 프로펠러를 돌리면
프로펠러가 물을 밀어 내서
배를 앞으로 나아가게 한답니다.

배의 몸통은 선체라고 불러요.

해상용 무전기

닻을 던져 바다 밑바닥에 고정하면 배가 더는 움직이지 않아요.

풍덩 여행사

찾고, 고치고, 출발!

저런, 배가 멈춰 버렸어요!
왜 그런지 알아보려고,
쿠퍼가 바다로 뛰어들었어요.
쿠퍼는 무엇을 해야 할까요?

아래 부품을 찾아볼까요?

연료 탱크

엔진을 움직이는 데 필요한 연료를 담아요.

엔진
프로펠러를 돌려요.

프로펠러

빙글빙글 돌면서 배를 앞으로 밀어 가요.

조타기

조타기를 돌리면 배의 방향이 바뀌어요.

가속레버

엔진에 들어가는 연료의 양을 조절해 배의 속도를 올리거나 줄여요.

구명부표

누군가 물에 빠졌을 때 구조될 때까지 물 위에 떠 있게 해 줘요.

제빙 장치

승강타

날개

펭귄 퍼시는 **비행기**를 모는 비행사예요.
비행기의 두 날개는 비행기를 하늘 높이 떠오르게 해요.
프로펠러는 비행기가 앞으로 나아가게 해 주지요.
비행사는 날개의 여러 부분을 움직여 비행기를 조종해요.

아래 부품을 찾아볼까요?

조종석	가속레버	프로펠러	엔진
			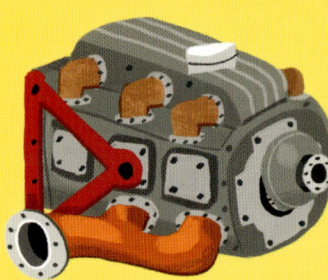
비행사는 조종실에 있는 조종석에 앉아서 운전을 해요.	밀거나 당겨서 비행기의 속도를 조절해요.	비행기를 공중으로 끌어 올려요.	강력한 힘으로 프로펠러를 돌려요.

항공관제탑

조종실

찾고, 고치고, 출발!

퍼시가 옴짝달싹 못 하고 있어요.
잔뜩 쌓인 눈 때문이에요.
퍼시는 무엇을 해야 할까요?

연료 탱크

엔진을 움직이는 데 필요한 연료로 가득 차 있어요.

방향타

비행기를 오른쪽, 왼쪽으로 움직이는 데 써요.

보조 날개

두 개의 보조 날개를 움직여 비행기를 이쪽저쪽으로 기울여요.

랜딩 기어

비행기가 땅에 내릴 때 밖으로 나와서 땅 위로 굴러갈 수 있게 해 줘요.

여우 프랭키는 **헬리콥터**를 타고 하늘을 나는 걸 좋아해요.
길고 얇은 회전 날개 날이 헬리콥터를
공중으로 들어 올려 날게 해 줘요.

주 회전 날개

조종실

회전 날개를 돌리는 건 강력한 엔진이에요.
어찌나 빨리 도는지, 날이 안 보일 정도예요.

찾고, 고치고, 출발!
프랭키가 서둘러 가야 하는데,
헬리콥터에 문제가 생겼어요.
헬리콥터를 고치려면 어떻게 해야 할까요?

회전 날개 날

아래 부품을 찾아볼까요?

스키드

헬리콥터가 땅 위에 서 있도록 받쳐 줘요.

조종간

헬리콥터의 방향을 바꿀 때 써요.

엔진

주 회전 날개와 꼬리 회전 날개를 돌려요.

꼬리 회전 날개
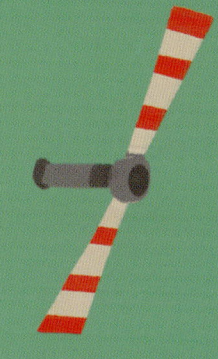
헬리콥터가 제자리에서 빙글빙글 돌지 않게 해 줘요.

수직 안정판

헬리콥터가 빨리 날 때 좌우로 흔들리지 않게 해 줘요.

수평 안정판

헬리콥터가 일정한 높이로 날 수 있게 해 줘요.

우주선은 로켓 엔진을 써서
엄청난 속도로 우주를 향해 날아가요.
우주 비행사들을 지구 위,
저 높은 곳에 있는
우주 정거장까지 데려다주지요.

제어판

우주엔 공기가 없지만, 우주선 안은 우주 비행사들이
숨을 쉴 수 있도록 공기가 가득 차 있어요.
원숭이 몬티가 우주선 밖에 나와 있네요.
몬티는 우주선과 안전줄로 이어진 우주복을 입고 있어요.

찾고, 고치고, 출발!

우주선이 어딘가 고장 났어요.
그래서 몬티가 고치러 나왔지요.
몬티를 도와서 우주선을 수리해 볼까요?

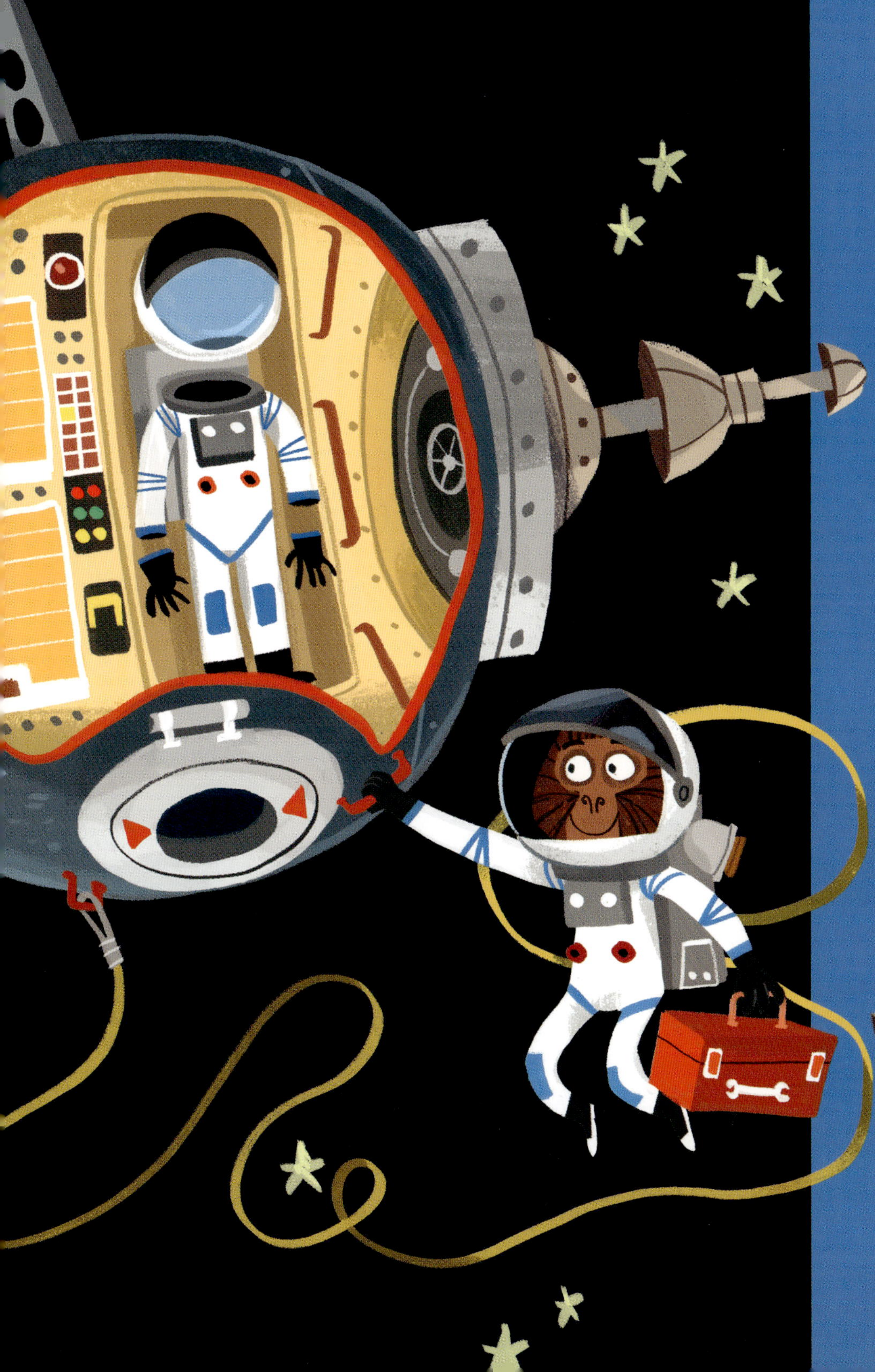

아래 부품을 찾아볼까요?

해치

우주 비행사들이 이곳으로 드나들어요.

목표 추적 안테나

우주선을 우주 정거장에 연결할 때 우주 정거장의 위치를 알려 줘요.

반동 추진 엔진

우주선의 자세를 바꿀 때 써요.

태양 전지판

태양광으로 전기를 만들어 우주선에 공급해요.

도킹 시스템
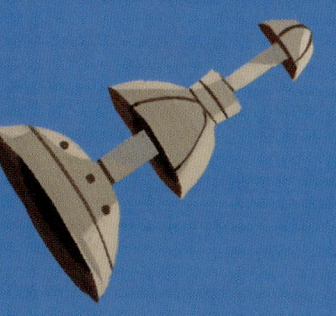
우주선을 우주 정거장에 연결하는 데 써요.

주 엔진

강력한 힘으로 우주선이 앞으로 나아가게 해 줘요.

> 문제를 모두 해결했나요?

전부 제대로 수리했는지, 정답을 보고 확인하세요.

자동차 타이어가 터졌어요. 잭으로 자동차를 들어 올려서 트렁크에 있는 스페어타이어로 갈아 끼워요.

오토바이 배기관에 금이 갔어요. 주유소에서 배기관 수리 도구를 사서 고쳐요.

굴착기 무한궤도의 나사가 풀렸어요. 나사를 조여서 무한궤도를 다시 이어요.

콘크리트 믹서차 드럼을 멈추고 안에 있는 삽을 꺼내요.

소방차 소방 호스가 빠졌어요.
소방펌프에 호스를 다시 연결해요.

기차 바퀴가 부서졌어요.
손수레에 있는 새 바퀴로 갈아 끼워요.

모터보트 프로펠러에 해초가 얽혔어요.
배에 있는 칼로 잘라 내요.

비행기 동체가 꽁꽁 얼어붙었어요.
제빙 장치로 약품을 뿌려서 얼음을 녹여요.

헬리콥터 회전 날개 날이 부러졌어요.
옆에 있는 새 날로 바꿔 끼워요.

우주선 태양 전지판에 전선이 튀어나와 있어요.
전지판을 수리해요.